Maudits mots dits

Chez le même éditeur

Dans la même collection :

Robert Henry
L'Histoire surprenante et insolite de 322 mots

Robert Henry
Petites Histoires savoureuses des mots que l'on mange

Alain Jacques

Illustrations:
Pierre Mailloux

Maudits mots dits

Lapsus,
extravagances
et autres perles
du langage
quotidien

Maclean Hunter

Données de catalogage avant publication (Canada)

Jacques, Alain, 1959-

Maudits mots dits : lapsus, extravagances

et autres perles du langage quotidien

(Collection Le Français tel qu'on le parle)

Comprend des réf. bibliogr.

ISBN 2-922260-02-x

1. Français (Langue) - Mots et locutions - Humour.

2. Mots d'esprit et jeux de mots. 3. Humour

canadien-français - Québec (Province).

I. Mailloux, Pierre, 1957- I. Titre II. Collection.

PN6231.W64J32 1999 C848'.5402 C99-940640-X

Conception graphique : Dino Peressini

1001, boul. de Maisonneuve Ouest

Montréal (Québec) H3A 3E1

Tél. : (514) 843-2542 Fax : (514) 845-2063

Courriel : mhlivre@lactualite.com

Bibliothèque nationale du Québec, 1999

Bibliothèque nationale du Canada, 1999

Imprimé au Québec par Transcontinental

Avertissement

Pour savourer à plein ce recueil, il est fortement conseillé de ne pas le consommer comme un vin de table dont on vide la bouteille au cours d'un seul repas, mais plutôt de le déguster à petites gorgées.

Gardez-en pour étirer le plaisir !

Table des matières

Remerciements

Je veux remercier tout particulièrement Annie qui m'a toujours encouragé et soutenu dans ce projet. Je remercie aussi tous mes premiers lecteurs pour leurs judicieux commentaires. Et finalement, tous ceux qui, bien involontairement, m'ont fourni ces drôleries verbales.

Après la lecture de ce recueil, je vous promets que vous allez écouter autrement ce qui se dit autour de vous! Vous remarquerez que l'on s'exprime souvent par sous-entendus; des gens terminent nos phrases avant même d'avoir compris le sens de notre pensée ou encore nous balancent des expressions sans queue ni tête, soit par distraction, soit par empressement à dire quelque chose.

Il y a quelques années que je m'intéresse à ce genre de drôleries verbales. La langue française est riche d'expressions, de proverbes, de maximes et de dictons qui stimulent notre imagination. Mais parfois, lorsqu'il se fait des connexions mentales involontaires, nos neurones s'entremêlent et notre cerveau combine deux idées différentes pour créer une nouvelle expression. Il est fascinant de constater comment ces maximes, proverbes et expressions « toutes faites » sont si facilement défaites et «repatentées» d'une autre manière. Ça fait sourire et ça rend nos neurones fraternellement sympathiques.

En tant que réalisateur, je côtoie toutes sortes de gens de milieux divers. Il m'arrive souvent d'assister à des réunions, de filmer des rencontres, des conférences ou des allocutions de tout acabit. C'est en écoutant attentivement que j'ai commencé à noter ces drôleries verbales qui me faisaient sourire. Mon entourage immédiat, incluant moi-même, s'est aussi révélé être aussi une excellente source de tête-à-queue sur l'autoroute de la pensée. Belle leçon d'humilité.

Pierre Mailloux, caricaturiste et comédien, s'est ensuite joint à mon projet de recueil. Sous sa plume, les expressions les plus imagées sont apparues dans toute leur richesse. Avec ce complice, mon travail accédait à une autre dimension. Et comme nous avons, tous deux, le même esprit tordu et les mêmes références bédéesques, nous ne pouvions qu'avoir du plaisir à réaliser cet ouvrage.

En espérant que vous aurez autant de plaisir à lire et à regarder cette collection de perles «sans queue ni sens» que nous en avons eu à les répertorier et à les illustrer, nous vous souhaitons bonne lecture !

Alain Jacques

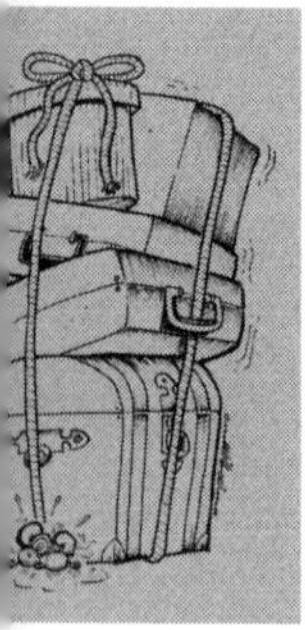

APRÈS
TU FERAS
LA VAISSELLE

Des animaux

Plusieurs animaux partagent notre vie quotidienne. Cela explique sans doute pourquoi ils occupent une part importante dans les maximes, proverbes, mythes, fables et expressions de toutes sortes. Comme ils ont plus d'ancienneté que nous sur cette planète, cette première section leur revient donc de plein droit. Animaux de la terre, unissez-vous... et faites-nous rire !

Mademoiselle ! J'ai un poil dans ma soupe...

Ce vendeur avait la fâcheuse habitude de toujours arriver au mauvais moment chez ses clients. Un jour, un courageux lui dit être excédé de toujours le voir :

Arriver comme un chien dans la soupe.

Une réplique tout droit sortie du film *Le parrain* ?

Le réalisateur propose à son monteur de mettre telle scène avant telle autre. Le monteur refuse. Son principal argument:

Il ne faut pas vendre la mèche avant de l'avoir tuée.

De l'acharnement thérapeutique ?

Une étudiante se plaint du vétérinaire chez qui elle fait son stage. Il a une attitude particulièrement désagréable avec elle et elle n'aime vraiment pas :

Se faire traiter comme du chien pourri.

ARRIVER COMME UN CHIEN DANS LA SOUPE

À nier la réalité, tu te retrouves dans la merde !

Ce jeune homme vit une situation trop difficile pour la prendre de front. Son entourage est découragé de le voir aller. On se demande quand il va arrêter de :

Se mettre la tête dans l'autruche.

Sûrement la propriétaire d'une traction arrière !

Discutant d'une méthode de travail, une femme argumente à ses collègues que l'on fait les choses à l'envers. Elle conseille de :

Ne pas mettre le cheval devant la charrue.

Elle doit avoir la langue épaisse !

Deux collègues parlent d'une animatrice de télé qui zézaie. Un des deux dit qu'avant elle, il n'avait jamais vu une animatrice :

Avoir un cheval sur le bout de la langue.

SE METTRE LA TÊTE DANS L'AUTRUCHE

Son contremaître est un certain Mulosévich !

Une dame parle d'un reportage

sur l'exploitation de jeunes enfants

dans les usines en ex-Yougoslavie.

Elle en a vu un qui était :

Chargé comme un mulot.

En plus, c'est une tête de linotte !

Un homme parle de sa femme qui est une forte tête. Ne trouvant pas à quel animal la comparer, il tente :

Elle a une tête de mule... comme un âne !

Elle est trop s'tressée...

Au salon de coiffure, un client écoute distraitement la coiffeuse qui lui confie les affres de sa vie de couple. Voyant venir la fin de l'histoire, le client lance alors :

Ça va finir en queue de cheval !

CHARGÉ COMME UN MULOT

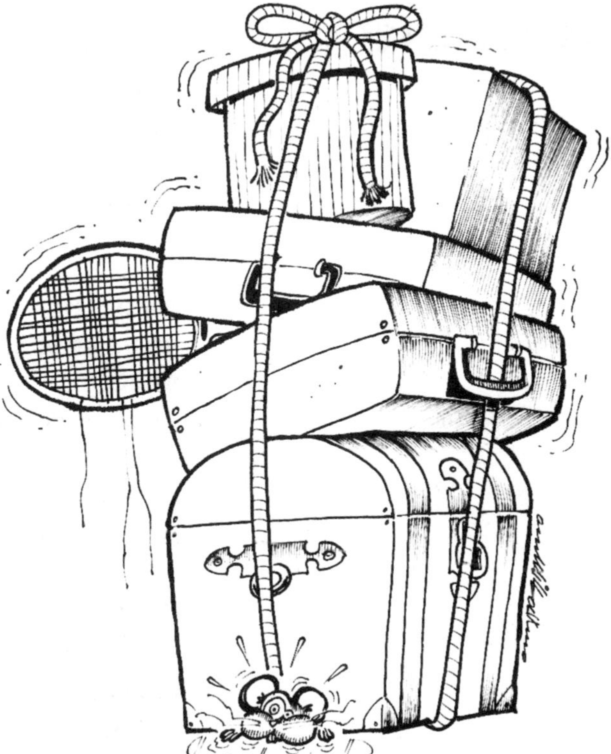

Moi, mon chien m'apporte le journal... C'est plus banal !

Une femme, qui écoutait

les excuses abracadabrantes

de son chum à propos de son

retard, trouve soudain la faille

dans ses mensonges et s'écrie :

Ah ! ah ! Le chat sort le sac !

Ces lanternes-là, ça éclaire en cochon !

Une infirmière est offusquée par l'attitude de son patron qui lui ment constamment. Elle affirme qu'il essaye de lui :

Faire passer des truies pour des lanternes.

Il est triste comme un poisson dans sa cage...

Un gars parle d'un collègue homosexuel qui a décroché le poste pour lequel il postulait. Il décrit la réaction du collègue à l'annonce de la nouvelle :

Il était gai comme un pinson dans l'eau.

LE CHAT SORT LE SAC

Est-ce que ce loup-là se nourrit de brebis en Polar?

Un jeune garçon s'apprêtait

à jouer un tour et essayait de

marcher sans faire de bruit.

Le père dit avoir vu son fils:

Avancer à petits pas de loup feutrés.

Appelez la police! Monsieur Seguin est prisonnier du loup!

Aux prises avec un problème à la garderie, cette éducatrice doit choisir entre deux solutions qui ne la satisfont qu'à moitié. Elle dit:

Essayer de sauver la chèvre... et M. Seguin.

Le rêve de Thierry la Fronde

Travaillant sur un projet qui peut lui rapporter beaucoup, cette femme espère doubler sa mise. Ses neurones lui suggèrent alors de:

Faire d'une pierre deux lièvres.

AVANCER À PETITS PAS DE LOUP FEUTRÉS

Sûrement pas un amateur de steak tartare !

En faisant la queue à la cafétéria, cet homme donne son avis sur le projet de son associé. Mal à l'aise, il lui recommande :

Ne mange pas la peau de l'ours avant de l'avoir tué !

Ce voisin, quel raseur !

Un homme ne cesse d'importuner son voisin qui possède un chien de la même race que le sien. Il lui emprunte sans arrêt de la nourriture, des jouets, des accessoires, etc. Un jour, alors que l'homme tarde encore à lui remettre un de ses emprunts, cette fois une brosse, le voisin, excédé, déclare :

Il ne faut pas ambitionner sur le poil de la bête.

Je veux bien, s'il s'agit d'un ours en peluche !

Une PME en pleine expansion est sur le point d'acheter une multinationale bien connue. Un des représentants de cette dernière confie ses angoisses. Selon lui :

Il ne faut pas vendre la peau de l'ours à un plus petit que soi.

IL NE FAUT PAS MANGER LA PEAU DE L'OURS AVANT DE L'AVOIR TUÉ

Son poisson rouge aussi est mélomane...

Chez un disquaire, un client veut initier son enfant à la musique classique et demande au commis où il peut trouver :

La truite enchantée de Schubert.

Travaille-t-elle dans une poissonnerie ?

Une femme parle d'un conflit à son travail. Son interlocuteur l'écoute patiemment, puis soudain pense deviner la motivation de l'auteur du conflit. Il s'écrie:

Ah ! ah ! L'anguille sort du sac !

Les noces de canin

Avant de partir à un mariage, cette femme fait remarquer à son mari qu'il a mis une chaussette bleue et une verte. Le mari s'insurge :

Je ne suis pas dalmatien !

LA TRUITE ENCHANTÉE DE SCHUBERT

AVEZ-VOUS UN VIEUX PANSEMENT?

Du sexe et de la religion

Les maximes

et les expressions

tirées de ces deux domaines sont légion et servent souvent

d'ingrédients de base à des blagues de toutes sortes.

Mais lorsque ces deux thèmes, souvent mis en opposition,

se retrouvent mariés dans une seule et même expression,

cela donne à coup sûr des images loufoques.

Cette section en fait foi.

Mets pas juste tes tripes sur la table !

Dans un village d'agriculteurs, à la traditionnelle cérémonie de bénédiction des semences au printemps, le curé invite les hommes à venir :

Mettre leurs graines sur la balustrade.

À quand le mariage des moines ?

Une vieille fille explique qu'il ne faut pas se fier aux apparences pour juger d'un homme. Sûre de son coup, elle dit :

La bite ne fait pas le moine.

Sûrement les portes d'une maison close...

Habitué de perdre son temps à se battre furieusement pour des causes gagnées d'avance, un homme est décrit par sa conjointe comme quelqu'un qui aime :

Débaucher des portes ouvertes.

MESSIEURS, METTEZ VOS GRAINES SUR LA BALUSTRADE

Ce doit être terriblement froid, l'hiver !

En entrevue, une oblate parle

de son choix de faire partie

d'une communauté séculière

au lieu d'être une contemplative.

Elle confie :

Je ne voulais pas vivre entre quatre grilles.

Ciel ! Le K-Y existait déjà !

Un dimanche à l'église, l'animatrice de pastorale parle de Zachée. Percepteur d'impôt du temps de Jésus, il était rejeté par ses contemporains parce que, selon l'animatrice :

Il se graissait la poche.

Il se débat comme un diable dans le dalot « bénite » !

Un indésirable arrive toujours dans les partys sans y être invité.
On dit de lui :

Il arrive comme un diable dans un jeu de quilles.

VIVRE ENTRE QUATRE GRILLES

Chanceuse qu'ils ne soient pas pour les effusions de sang !

Une adolescente explique

qu'elle a quitté les témoins de

Jéhovah parce qu'elle trouvait

scandaleux qu'ils soient :

Contre les infusions de sang.

Quelle pomme ? D'Adam, voyons !

Une étudiante parle d'un macho qu'elle ne peut plus supporter dans ses cours.
Ce gars-là lui parle comme si elle allait :

Lui tomber dans les pommes.

Pourtant c'est pas un mauvais diable !

Une femme raconte à une amie que l'associé de son mari l'a invitée à un souper galant et qu'elle ne sait que faire.
L'amie désapprouve et lui conseille de :

Ne pas tenter le diable par la queue.

UNE INFUSION DE SANG?

...ET MAT

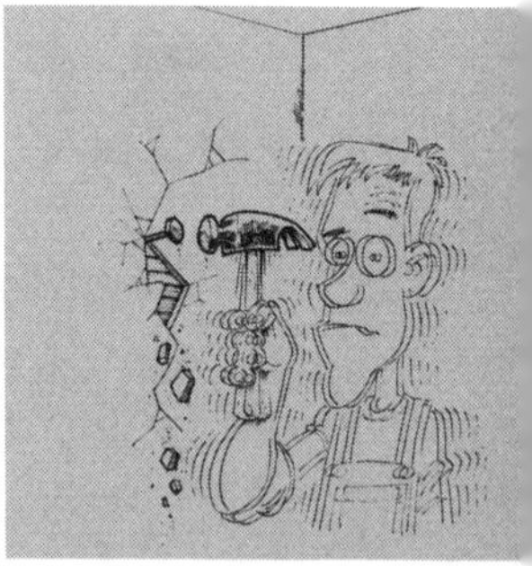

9
8.5
9

Des cas où ça va mal !

Il y a des situations où on se dit que ça ne peut pas être pire. Jusqu'au moment où on s'aperçoit que la lumière au bout du tunnel... est une locomotive ! Dans ces situations, les mots nous manquent pour exprimer notre désarroi. Le désespoir, la peine et le découragement se combinent pour causer des carambolages d'idées. C'est à en pleurer... de rire évidemment !

Aux larmes citoyens !

Gageons que son voilier n'ira pas loin...

On parle d'un entrepreneur qui a démarré son entreprise à une vitesse incroyable. Le gars réussit tellement bien qu'on dit de lui :

Il a le feu dans les voiles.

Ça va prendre une vilaine éponge !

Un producteur se voit contraint de payer pour une gaffe qu'il n'a pas commise. Il est dans tous ses états. Il dit qu'il devra:

Absorber les pots cassés.

Et l'autre dans l'œil !

Cet homme est sûr que ses voisins viendront l'aider à arroser la patinoire dans sa cour. Pour convaincre un ami sceptique, il parie:

Je me mettrais un doigt dans le feu !

AVOIR LE FEU DANS LES VOILES

Personne ne s'est offert pour aiguiser ses patins !

Pour se dépatouiller d'une situation où elle se serait rapidement retrouvée dans l'embarras, cette femme dit avoir été obligée de :

Patiner dans la merde.

Qui a cousu les boutons sur le tapis ?

Leur belle-sœur ne prend apparemment pas toujours les bonnes décisions et a tendance à se compliquer la vie. Cela a pour conséquence de la mettre constamment dans des situations fâcheuses. Dans son dos, sa famille dit qu'elle :

S'enfarge dans les boutons à quatre trous.

Il commence à avoir du plomb dans l'aile...

Excédée par les affres que lui fait subir régulièrement son adolescent écervelé, une mère de famille dit :

Il n'a pas de tête dans la tête.

PATINER DANS LA MERDE

Quitte à se faire épingler !

Après plusieurs mois de travail, un technicien s'aperçoit qu'un des associés pour lesquels il travaille a quitté le pays pour fuir la justice. Tiraillé entre abandonner son contrat sans être payé et le terminer malgré l'apparente malhonnêteté du contexte, il choisit la voie la plus payante. Philosophe, il dit :

Il faut savoir tirer son échec du jeu.

Les jongleurs ne sont pas tous dans les cirques !

Lors d'une réunion pour Transports Québec, on discute d'une alternative pour répartir la circulation durant les travaux sur l'autoroute métropolitaine. Un intervenant s'y oppose :

C'est un couteau qui se joue à deux.

Commence par sortir du baril si tu veux voir le fond !

Cet homme est aux prises avec de graves problèmes personnels. Il ne voit pas comment il peut améliorer son sort mais avoue avoir hâte de :

Voir la lumière au fond du baril.

SAVOIR TIRER SON ÉCHEC DU JEU

Une grosse goutte pour un petit vase !

Un producteur s'emporte vertement contre une cliente qui lui fait de sempiternels commentaires sur sa production. Plus tard, pour justifier son comportement, il s'explique :

C'est la goutte qui a fait craquer le vase.

Sûrement une affaire médicale.

Excédé qu'on lui remémore sans cesse un contrat où il avait fait une mauvaise affaire, cet homme veut qu'on arrête de :

Tourner l'affaire dans la plaie.

Sa paye sera diminuée elle aussi.

Pendant le tournage d'un film, un apprenti aux effets spéciaux a failli provoquer une catastrophe en ne donnant pas la bonne information au pyrotechnicien. Il tente de s'excuser :

Je l'ai réduit en erreur.

LA GOUTTE QUI FAIT CRAQUER LE VASE

Pas encore une vente de feu !

Un agent d'immeubles est

un véritable bourreau de travail.

Lorsqu'il commence à ressentir

les effets de la surcharge,

il réalise qu'il ne faut pas :

Vendre la chandelle par les deux bouts.

Essaye donc le mascara hydrofuge !

Une femme broyait du noir à cause d'un événement difficile dans sa vie. Ne trouvant apparemment pas cette expression suffisamment triste, elle dit plutôt :

Je braillais du noir.

Le hasard, tu peux compter dessus !

Cette femme se plaint constamment de trop travailler. Fatiguée de s'entendre se plaindre, elle conclut :

Il faut que j'arrête de m'appuyer sur mon sort.

VENDRE LA CHANDELLE PAR LES DEUX BOUTS

Dès la première manche, ça va brasser !

Deux beaux-frères sont brouillés.

Malgré cela, ils se voient contraints

d'assister à une fête familiale.

Une belle-sœur, inquiète, affirme :

Ça va brasser dans le manche !

C'est un truc de pompier !

Un scénariste parle
de son scénario
et du rebondissement
qui fait exploser
une situation latente.
Il parle alors de :

La goutte qui a mis le feu aux poudres.

Attrape-la si tu ne veux pas te faire assommer !

Un alcoolique s'est fait aider, jadis, par un ami prêtre. Maintenant sobre, le gars dit que cet ami a manifesté assez d'amitié pour :

Lui lancer une planche de salut.

ÇA VA BRASSER DANS LE MANCHE !

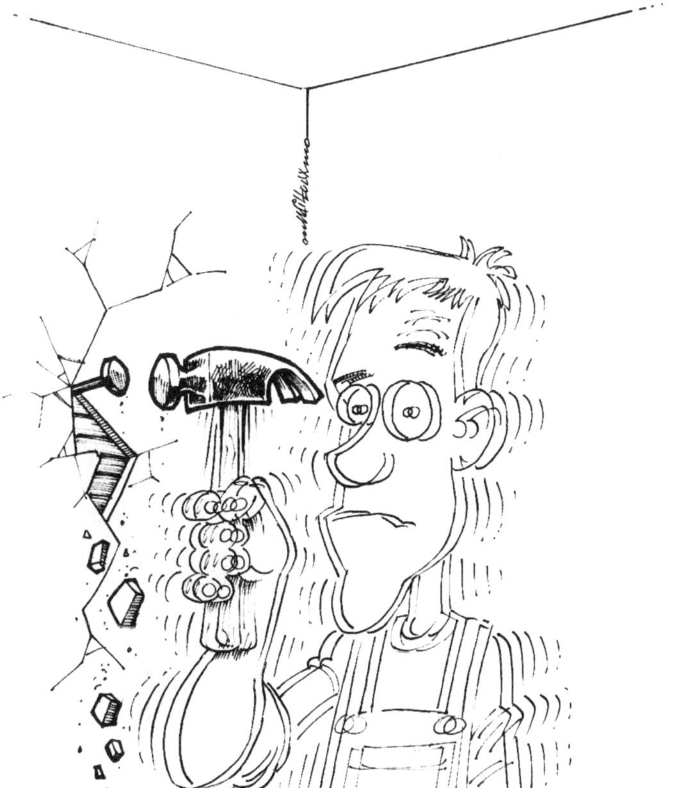

A TES SOUHAITS

EST-CE QUE TU POURRAIS M'ENLEVER CETTE CUILLÈRE?

De la parenté et de la famille

Ah ! la famille ! Elle nous fait rire, nous fait pleurer, nous émeut et nous fait rager. Mais on a besoin de notre parenté... ne serait-ce que pour nous alimenter en perles du langage quotidien ! Expressions de tout acabit, reproduisez-vous !

Elle va de mal en pis... la vache !

Lors d'une réunion de famille, une cousine est fière d'avoir fait passer ses idées. Elle déclare :

Ça a passé comme un verre de lait à la poste.

C'est ce qui s'appelle répondre à brûle pour foin !

Une femme est absorbée dans l'observation du voisin qui brûle son gazon coupé, lorsque son mari lui demande d'où vient cette épaisse fumée. Elle s'exclame :

Il brûle du feu !

Prendriez-vous une petite tartine de baume ?

Une tante parle des compensations financières consenties par la compagnie d'assurance suite à l'incendie de sa maison. Elle se console :

Ça va mettre du sucre sur le bobo.

COMME UN VERRE DE LAIT À LA POSTE

On appelle qui ? Le médecin ou le plombier ?

Une petite fille est sérieusement enrhumée. Elle est tellement malade que sa mère confie qu'elle ne cesse de :

Moucher comme un robinet.

Elle ne peut tout de même pas courir après sa queue !

Durant une chasse au trésor, la monitrice devait courir pour arriver avant les participants des autres équipes. Un enfant lui crie :

Cours à ton cou !

Y a-t-il un médecin dans le hall ?

Après une visite de politesse chez un parent, cet homme veut démontrer qu'il s'y connaît en bienséance. Fier, il lance à son hôte :

Merci de nous avoir hospitalisés.

ELLE MOUCHE COMME UN ROBINET

On entendrait mieux à travers les fentes d'une fourchette !

Cet adolescent bourru

est particulièrement effronté

lorsqu'il argumente avec sa mère.

Son père explique la situation :

Il ne l'a pas dit avec le dos de la cuillère.

Heureusement, il ne pose plus de gestes gestuels...

Cette femme, qui s'est déjà fait battre par son mari, vient rencontrer une intervenante. Celle-ci s'informe si le mari a récidivé. La femme avoue :

Il m'a juste dit des paroles verbales.

Je te remonte le moral si tu remontes tes culottes !

Une femme a surmonté la difficulté qu'elle a à dire le fond de sa pensée à son père qu'elle trouve odieux. Selon elle :

Elle a mis ses culottes à terre et lui a dit ce qu'elle pensait.

NE PAS LE DIRE AVEC LE DOS DE LA CUILLÈRE

RESTAURANT
Chez Rita
SPLITCH!
SPLATCH!
SPECIAL DEJEUNER 1.00$
SPLOTCH!

JE RÉCHAUFFE VOTRE CAFÉ MADAME?
VROUM!

De la bouffe et de la cuisine

Miam!

On parle de bouffe, de gastronomie, de mets raffinés ? J'arrive ! La nourriture fait partie de nos vies. On en parle, on en fabrique, on en transforme et... on en mange même !

Il est donc essentiel qu'une section de ce recueil soit entièrement consacrée aux expressions bien mijotées.

À table !

Qu'est-ce que c'est ? Un ragoût de pattes de loup ?

L'aînée de la famille, du haut de ses quatre ans, parle du monstre d'un conte. Elle a rêvé qu'elle avait peur de se faire manger par :

Le loup-ragoût.

Comme une craie sur le tableau ?

Dans un comité, cette femme est contente que sa proposition soit passée aussi facilement. Soulagée, elle s'exclame :

Ça a passé comme un couteau dans la poêle.

Vous « maraîchez » les mots de la bouche!

Dans ce restaurant, les affaires ne marchent pas très bien. Un petit problème persistant est plus gros qu'on ne le croit. Le propriétaire confie que ce petit problème :

C'est la pointe de l'asperge.

LE LOUP-RAGOÛT

Il n'a pas le goût de se faire fourrer!

Cet homme reçoit une invitation pour assister à la fête de Noël organisée par le nouveau conjoint de son ex-femme. Comme il s'agit de l'homme pour qui elle l'a quitté, il décline l'offre de crainte de faire rire de lui. Il déclare ne pas vouloir :

Être le bouffon de la farce.

Le tubercule... ose!

Ce cadre d'un département de soins prolongés apprend qu'une infirmière dont personne ne veut demande à être transférée dans son équipe. C'est une semeuse de zizanie notoire, mais c'est aussi la petite-fille du directeur. Selon ce cadre, la situation est comparable à :

Recevoir une patate empoisonnée.

S'il travaillait pour Oasis, il serait rentable!

Le directeur de l'Académie canadienne du cinéma et de la télévision est débordé de travail avec les préparatifs des prix Gémeaux. Il lance :

Le jus me sort par les oreilles.

LE BOUFFON DE LA FARCE

J'apporte la crème.
Toi, va chercher
la pendoulière...

Après l'achat de sa première maison,

une femme veut respecter la tradition.

Elle invite donc ses amis à venir :

Crémer la pendoulière.

N'apportez pas vos légumes, c'est inutile...

Cette femme organise une petite fête entre amis, autour de sa piscine. Quelque chose de simple. Comme elle le dit :

Sans tambour ni trempette.

Il travaille à temps partiel comme batteur... d'œufs !

Un pigiste est sollicité pour un contrat inintéressant dans une période où il est déjà surchargé de travail. Il refuse. Sa réponse:

J'ai d'autres choses à fouetter.

CRÉMER LA PENDOULIÈRE

Il ne veut pas se faire manger comme un petit poussin !

Un scénariste hésite à présenter

tous ses projets au même producteur.

Il dit ne pas vouloir :

Mettre tous ses œufs à la même enseigne.

Du beurre dur, bien entendu !

Sa pelle à neige oubliée sur la galerie était maintenant prise dans la glace. Le gars a tout essayé pour la récupérer, mais sa pelle était, selon lui :

Barrée comme dans du beurre.

Le potage au sanglier n'est pas mal non plus !

Un commentateur sportif à Radio-Canada, aussi collectionneur d'expressions triturées, a rapporté avoir déjà entendu :

Il y a loin de la soupe aux lièvres.

METTRE TOUS SES OEUFS À LA MÊME ENSEIGNE

Recettes à base de pétrole.

Un petit industriel invite sa nouvelle flamme dans un restaurant chic.

Voulant l'impressionner,

il susurre que cette cuisine :

C'est de la raffinerie.

Un gastronome ventriloque ?

Un représentant amène un client dans un restaurant pour le lui faire connaître. Le client trouve ce restaurant divin! Son commentaire à la sortie :

J'en suis resté bouche estomaquée.

On ne patine pas sur une omelette sans couper des œufs !

Le président d'une association à but non lucratif essaye d'en évincer la directrice sans faire trop de remous. Ce ne sera pas facile. On dit qu'il devra :

Patiner sur des œufs.

C'EST DE LA RAFFINERIE

HÉ, DIS MOI!
ON VA CHEZ TOI?...
TU VEUX?...
HEIN?... DIS...
TU VEUX?
HEIN...?
HEIN?

De la vie au travail

On dit que le travail occupe

plus de la moitié

de notre vie active. On passe plus de temps en compagnie

de nos collègues de bureau que de nos proches.

Il est donc normal que cette vie parallèle soit une source

d'inspiration pour les conversations

parsemées d'expressions mélangées.

Allez, les neurones ! Au travail !

Auriez-vous du spray anti-chum ?

Une fille parle d'un gars au bureau qui ne la lâche pas d'une semelle même si elle ne veut rien savoir de lui. Elle dit de lui :

Il colle comme une tache noire.

Garde-à-vous !

L'infirmière de triage à l'urgence s'occupe d'un patient que tout le monde remarque à cause de son uniforme de haut gradé. Elle dit l'avoir vu arriver :

Tiré à quatre étoiles.

Maintenant, elle doit les raccommoder !

Une femme qui venait de perdre sa mère a fait preuve d'un courage exemplaire en reprenant son travail sans se laisser démolir par la souffrance.
Ses collègues disent :

Elle a pris ses culottes à deux mains et elle est passée au travers.

IL COLLE COMME UNE TACHE NOIRE

Une équipe de ventriloques ou quoi ?

Après une réunion d'équipe,

une intervenante est exaspérée

par l'égocentrisme des autres

participants. Elle trouve que :

Tout le monde s'écoute le nombril.

Il avait une peur bleue de le lui demander...

Ce pigiste a besoin d'avoir plus de latitude pour un contrat exigeant. Il demande à son client de lui :

Donner corde blanche.

Pourquoi ne pas bien la faire au départ ?

Devant un garage, on a placé, bien en vue, une affiche qui annonce fièrement :

Faites vérifier votre mise au point pour l'hiver.

S'ÉCOUTER LE NOMBRIL

Je sens qu'il va y avoir encore des coupures !

Un cuisinier met constamment son nez dans les affaires d'un collègue et lui donne des conseils dont ce dernier n'a que faire. Le collègue se plaint du cuisinier qui n'arrête pas de :

S'émincer dans ses affaires.

Une chance sur deux et tu l'auras !

Un comédien a peine à différencier les deux jumeaux qui travaillent dans l'équipe de production. Il dit :

Ils se ressemblent comme deux tu l'auras.

Du poivre de cayenne ?

Un commis confie que ses patrons lui font des promesses qu'ils ne tiennent jamais. Il dit qu'ils se contentent de lui :

Jeter de la poudre dans les yeux.

S'ÉMINCER DANS MES AFFAIRES

Les oreilles de Castro dans le sirop !

Dans le cadre d'une recherche d'emploi, cette femme a répondu à un test de connaissances générales. Pour démontrer comme elle s'est bien débrouillée, elle cite une de ses réponses :

La richesse naturelle de Cuba, c'est la cabane à sucre.

Son mari travaille à la Sûreté du Québec.

Dans un formulaire de demande d'emploi, à la question « personne à contacter en cas d'urgence », au lieu d'inscrire le nom de son conjoint, la même femme a écrit :

La police.

On courbe mieux le dos si on n'a pas de colonne vertébrale...

On parle d'un collègue qui se tue au travail pour faire plaisir à ses patrons. Certains disent que ce collègue est :

Un travailleur invertébré.

LA RICHESSE NATURELLE DE CUBA, C'EST LA CABANE À SUCRE

Jeu de pouces, jeu de vilains louches.

Cette employée de bureau trouve que certains de ses collègues font preuve d'un laxisme exagéré. Ils ne méritent pas leur salaire, dit-elle, parce que constamment :

Ils se pognent les pouces.

De l'huile de coude ?

Au conseil d'administration, on cherche une idée pour faire avancer un dossier pénible. Un directeur propose une solution pour :

Amener de l'huile au moulin.

Il est difficile de les contourner séparément...

Un gars se retrouve entre deux collègues qui le prennent à temoin dans leur dispute. Coincé, le gars tente de se défiler et déclare :

Essayer de contourner l'arbre et l'écorce.

ILS SE POGNENT LES POUCES

Lequel des deux ?

Le matin au petit-déjeuner, le mari tente de parler à sa femme de ses problèmes de bureau. Elle l'arrête et balbutie qu'elle doit d'abord prendre un café pour :

Se remettre les yeux dans le trou.

Perdus : nerfs en parfait état, jamais de burn-out.

Une femme parle d'une collègue qui s'est emportée contre elle au travail. Selon cette femme :

Elle a perdu les nerfs.

Docteur, suis-je victime d'une érection nocturne ?

Un matin où il lui aurait fallu un palan pour le tirer du lit, il passe tout droit et arrive en retard au travail. Devant son patron, il bafouille :

Je me suis levé tout droit.

SE REMETTRE LES YEUX DANS LE TROU

CLAP!
CLAP! CLAP!
EPINGLUS
SECURITUM
CLAP! CLAP!
CLAP! CLAP!

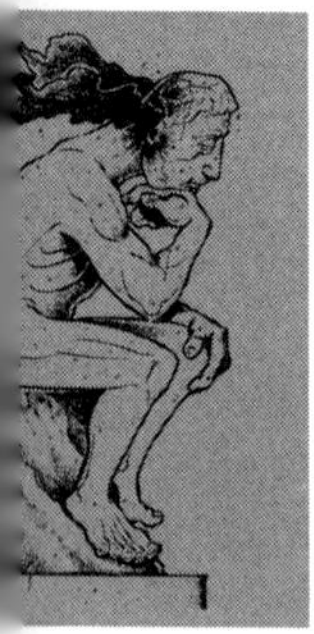

TRÈS DRÔLE.

De la vie en société

L'homme n'est pas fait

pour vivre seul.

Heureusement, sinon où irait-on chercher

tous ces courts-circuits cérébraux?

La vie de tous les jours recèle une multitude

de carambolages et de tête-à-queue qui se produisent sur

les autoroutes de la pensée et de la communication.

Nos neurones s'en donnent à cœur joie lorsqu'on les bouscule.

Prends tes neurones et... laisse-les marcher!

Pousse fort, ça rentre mal !

Au cours d'un examen important, un gars veut aider un confrère angoissé, mais trouve trop risqué de lui souffler les réponses. Il raconte qu'il n'a pas été capable de :

Lui tendre la perche à l'oreille.

Pour ses lectures érotiques... elle prend des livres de poche !

Un gars parle d'une gitane qui lit les lignes de la main. Il dit qu'elle peut :

Lire dans les livres de la main.

C'est à de petits gestes qu'on reconnaît ses vrais amis !

Après une dépression nerveuse, cette femme avait de la difficulté à reprendre ses activités. Une amie dit qu'elle aurait :

Besoin d'un coup de pouce dans le derrière.

TENDRE LA PERCHE À L'OREILLE

Fâche-toi pas, c'est juste une blague... à tabac !

Une femme parle d'un homme

qui s'emporte facilement lorsqu'on

le taquine. Pour expliquer qu'il ne

faut pas abuser de sa patience,

elle conseille :

Il ne faut pas lui étirer la pipe.

L'esprit de clocher ?
À la sortie d'une conférence où il est question de la culture haïtienne, une travailleuse sociale est satisfaite.
Elle confie que :

Ça lui a ouvert les cloches.

On vous laisse le choix : préférez-vous ne plus avoir d'argent sur vous, être accusé de vol à l'étalage ou voir votre achat refusé parce que votre carte de crédit est pleine ?
Une femme va souvent à ce grand magasin.
Elle dit :

On y a le choix de l'embarras.

IL NE FAUT PAS LUI ÉTIRER LA PIPE

T’es de quelle planète, voisin ?

Une collègue veut convaincre un réalisateur d’arrêter de chercher un autre producteur et de se contenter de celui avec qui il travaille. Son principal argument :

Le voisin est toujours plus vert sur son gazon.

Où porte-t-elle sa ceinture ? Au front ?

Une femme avait ri aux larmes tellement elle avait aimé le spectacle d’un humoriste. Pour décrire la situation, elle raconte :

Je riais tellement que j’en braillais dans mes culottes.

J’ai malheureusement sali la dernière hier !

Dans une boutique de vêtements pour dames, une cliente examine les robes, puis va trouver la vendeuse et demande :

Dans votre magasin, avez-vous du linge propre ?

LE VOISIN EST TOUJOURS PLUS VERT SUR SON GAZON

J'ai bien tenté, sans succès, de le ramoner à la raison !

Un invité appréciait les jeux de mots que se lançaient les membres de l'équipe de tournage. Il aurait aimé, lui aussi, avoir cette vitalité d'esprit. Il dit qu'il aimerait :

Avoir de la suie dans les idées.

Le plus difficile, c'est de compter les points.

Sa conjointe veut le convaincre d'envoyer des curriculum vitae un peu partout. Lui, trouve que c'est un hasard si ça fonctionne. Il lui dit :

C'est comme un coup de dés dans l'eau.

Qui c'est Yoyo, un ver du nez ?

Une femme éprouve des difficultés avec son conjoint coureur de jupons et veut exprimer qu'il abuse de sa patience. Elle dit :

Il me tire le yoyo.

AVOIR DE LA SUIE DANS LES IDÉES

Flûte, zut et crotte de bique!

Au Musée de la Civilisation, un guide explique que les premiers colons, qui s'étaient fait une idée du pays avant leur arrivée, avaient dû en changer. Selon lui, ils ont été obligés de:

Changer leur flûte d'épaule.

Il ne l'a pas vu venir

Un père de famille ferme les yeux sur les nombreux problèmes à la maison. Excédée, sa femme menace de le quitter. Son principal argument:

Il se ferme les œillères.

Sans doute un somnambule alcoolique

Pour expliquer que, pendant les orages d'été, son conjoint dort d'un sommeil profond, une femme explique qu'il est capable de:

Dormir à boire debout.

CHANGER SA FLÛTE D'ÉPAULE

Une épingle à couche... sociale ?

Le congédiement d'une employée par une des patronnes a soulevé la colère du syndicat qui dénonce vertement cet abus de pouvoir. Pour sa part, la patronne accuse les syndiqués :

Ils en ont fait toute une épingle.

Tant qu'il ne se le met pas dans les plats !

Un auteur de théâtre est aux prises avec la dernière scène de sa pièce qu'il n'arrive pas à écrire. Pourtant il sait bien qu'il n'a qu'à :

Se mettre le pied dans l'encrier.

Les voisins vont en entendre parler !

Un organisme de défense des droits des démunis a enfin trouvé un local qui lui convient parfaitement pour poursuivre ses activités. Fier, le directeur annonce que :

Son organisme a maintenant opinion sur rue.

ILS EN ONT FAIT TOUTE UNE ÉPINGLE

Les épingles servent à quoi ? Fixer sa perruque ?

Fortement impressionné par

l'arrivée, à cette banale réunion,

d'une femme extrêmement chic,

cet homme dit qu'elle est arrivée :

Peignée à quatre épingles.

Maintenant, il circule à pied !

Ce vendeur essaie d'emberlificoter un client avec une voiture en démonstration. Le client refuse l'offre sous prétexte que le vendeur lui raconte :

Une histoire à marcher debout.

Il a rêvé à Newton ?

Ce travailleur était tellement fatigué lorsqu'il est allé au lit, après une dure journée de labeur, qu'il a dit :

Une fois couché, je suis tombé comme une pomme.

PEIGNÉE À QUATRE ÉPINGLES

En tout cas, son diplôme, il ne l'aura pas volé...

Cet étudiant est content

d'avoir étudié toute la nuit.

Maintenant il est sûr de :

Réussir son examen haut les mains.

Et les fesses molles ?

Ce professeur est reconnu pour être particulièrement sévère. On dit que devant lui les étudiants :

Se tiennent les oreilles serrées.

À la toute fin de sa vie... ou plus tôt ?

Dans un cours d'histoire de l'art, le professeur parle d'un peintre contemporain :

Vers la fin de sa vie, il se suicida.

RÉUSSIR SON EXAMEN HAUT LES MAINS

On appelle ça un re-mort!

En entendant une œuvre de Mozart interprétée au synthétiseur, ce mélomane a une véritable commotion. Il affirme que si Mozart entendait ça il regretterait de l'avoir composée, puis il s'exclame :

S'il était vivant, il s'en retournerait dans sa tombe!

C'est d'un ennui mortel, là-dedans!

Un ami voulant citer la précédante anecdote a retransformé à nouveau l'expression. Elle est devenue :

S'il vivait encore, il se retournerait dans sa tombe.

J'espère qu'il ne criait pas ça à Jésus... Il aurait frappé un nœud!

À l'université, un étudiant fait des menaces à un collègue qu'il n'aime pas du tout. Hors de lui, il lui crie :

Tu ne partiras pas de ce monde-ci vivant.

S'IL ÉTAIT VIVANT, IL S'EN RETOURNERAIT DANS SA TOMBE

CHATON?

QUI SUIS-JE ?
OÙ VAIS-JE ?

Des médias et du show-business

Il se dit

toutes sortes

de choses sur les ondes. Des drôles et des moins drôles.

Cette section répertorie

ce que j'ai glané ici et là.

Silence on tourne...

la page !

Ça donne mal au cœur!

La mort d'un jeune Noir abattu par la police a exacerbé les tensions entre sa communauté et la police.

Un gars décrit la situation comme suit:

C'est la cerise qui a fait déborder le sundae.

Alors là, c'est le pied, dis donc!

Plusieurs femmes ont déjà été aidées par ce centre de crise. Fière de son organisme, la directrice clame:

Les femmes en sortent les deux pieds debout.

Quand on tord un bébé, est-ce qu'il en sort de l'eau?

Après un match de hockey, les partisans réclament le congédiement de l'entraîneur. Un joueur se porte à sa défense et rétorque:

Il ne faut pas jeter le bain avec l'eau du bébé.

LA CERISE QUI A FAIT DÉBORDER LE SUNDAE

Une loi eunuque quoi !

À la radio, une femme est offusquée

par une nouvelle loi qui la brime

autant que ses semblables.

Elle s'indigne :

Ça n'a ni queue ni sens.

Arrêtez, ça me fait grincer des dents !

Pour expliquer une situation où un événement anodin est venu compliquer les choses, un commentateur de radio dit :

Il y a un os au tableau !

Il ne reste plus rien de la carrosserie !

Il y a longtemps, à la radio, un journaliste, appelé à commenter la mort de J.F. Kennedy, a décrété que :

La mort de Kennedy est une perte totale.

ÇA N'A NI QUEUE NI SENS

Il ne faut pas avoir affaire à de mauvaises langues !

Dans un théâtre d'été, ce comédien

demande aux spectateurs

où ils ont entendu parler de la pièce.

La réponse la plus fréquente :

La publicité bouche à bouche.

En plus d'être fédéraliste, il est cannibale !

Un homme, révolté de voir ce président d'une entreprise québécoise inciter ses employés à voter NON au référendum, accuse:

Il mange la main qui le nourrit.

À peine une petite plainte avec un foulard sur la bouche.

Invité à commenter la lenteur de l'intervention policière durant la crise d'Oka, le porte-parole de la Sûreté du Québec a déclaré :

On n'a pas reçu de plainte en bon uniforme.

LA PUBLICITÉ BOUCHE À BOUCHE

Le plus difficile consiste à courir avec le grappin !

Un commentateur sportif parle

d'un joueur de football qui a stoppé

un adversaire dans sa course.

Il dit que le joueur a réussi à :

Lui mettre le grappin au collet.

Entre dans un écrou si tu trouves ce « bout long » !

Dans un cabaret, on présente un spectacle composé de plusieurs petits numéros.
À un moment de la soirée, l'animateur annonce fièrement :

Entrons dans le clou du spectacle.

Ils faisaient un beau petit tas !

À la fin du match de hockey où ils ont donné du 200 %, les joueurs avouent qu'ils n'avaient pas le choix. Ils étaient :

Accumulés au pied du mur.

LUI METTRE LE GRAPPIN AU COLLET

Attention ! Du papier, ça coupe !

Une femme parle du premier ministre québécois qui devrait imposer le concept de société distincte au premier ministre canadien. Elle dit qu'il devrait :

Lui mettre un ultimatum sous la gorge.

Pauvres valeurs ! De quoi sont-elles coupables au juste ?

À la radio, un intervenant parle de la responsabilité des parents quant à l'éducation des enfants. Il dit combien c'est :

Important de leur inculper des valeurs.

Ne mange pas trop, ça creuse des ornières dans les pentes !

À une émission du midi à la télévision, l'animatrice explique à son invité que c'est très important de manger avant d'aller faire du ski. Parce que, selon elle :

Le ski, ça creuse l'énergie.

LUI METTRE UN ULTIMATUM SOUS LA GORGE

ICI KIKI!
GRRRR

Du courage et de l'audace

Une multitude d'expressions font référence au courage et à l'audace dont nous devons faire preuve pour traverser les épreuves de la vie. La grande diversité d'expressions, combinée au stress vécu lors de l'énonciation de celles-ci, génère de nouvelles expressions très intéressantes. Prenez votre courage à deux mains, ce recueil de l'autre, puis foncez vers la page suivante !

Attention ! Le rire va vous monter à la barbe !

Les petites contrariétés s'accumulent de plus en plus et cet homme n'en peut plus de les absorber sans rien dire. Il explose soudain et déclare :

La moustache me monte au nez.

Et ça, j'vous jure, ça fait mal !

Une femme est témoin d'une querelle entre deux hommes. Le plus costaud des deux ne mâche pas ses mots. Elle dit de lui :

Il n'y va pas avec le dos de la main morte.

Achetez donc des vêtements à votre taille !

Dans un comité où il devait faire beaucoup avec peu de moyens, l'animateur hésite puis lance que chacun va devoir:

Se secouer les manches.

LA MOUSTACHE ME MONTE AU NEZ

Un bon coup !

Un producteur et sa réalisatrice tentent d'établir la meilleure stratégie pour rentabiliser le contrat qu'ils doivent signer sous peu avec un client. Ils disent vouloir :

Faire deux pierres d'un coup.

Son chum est bélier !

Une femme traverse une période difficile avec son conjoint. Pour l'encourager, sa meilleure amie lui conseille de :

Prendre son courage par les cornes.

Et à peine quelques cheveux sur le dessus...

Au travail, un gars accepte la place qui revenait de droit à une collègue qui a plus d'ancienneté. Dans son entourage, on dit de lui :

Il a du culot tout le tour de la tête.

FAIRE DEUX PIERRES D'UN COUP

Qui lui a fait ça ? Hermès ?

Cet employé voit le poste

qu'il convoitait attribué à quelqu'un

d'autre. Il confie être gravement

offusqué de :

Se faire couper
l'aile sous le pied.

Une association pour les métiers à tisser ?

Une association professionnelle cherche une solution pour renverser une situation à son avantage. Quelqu'un propose de :

Retourner
la couverture.

Ça dépend de ce qui s'y cache !

Les joueurs ont accumulé les erreurs lors du match et ils sont découragés. Le capitaine tente de les motiver à continuer en lançant :

Il ne faut
pas baisser
la serviette.

SE FAIRE COUPER L'AILE SOUS LE PIED

Des illustres penseurs inconnus

Les grands penseurs n'ont pas tous leur nom dans le dictionnaire. À preuve, ces parents, collègues et voisins de palier qui philosophent à voix haute et surprennent, volontairement ou non, par la profondeur de leurs pensées. Il méritent bien d'avoir le mot de la fin.

Sartre qui court tout nu ?
Une femme se promène
avec une amie lorsqu'elles voient
un nuvite qui court dans un parc.
Offusquée, elle déclare :
C'est un existentialiste.

L'essentiel aussi
y est pour beaucoup !
Lors d'une soirée entre amis,
un convive sent le besoin de combler
un silence en disant quelque chose
d'intelligent. Sans trop réfléchir, il dit :
« Dans la vie, l'important... »
Il hésite, puis enchaîne:
« ... c'est ça qui compte ! »

Comme on était bien
dans le passé d'antan !
Un illustre visionnaire inconnu aime
proférer ce genre de grandes vérités :
L'avenir est dans... le futur !

Ça dépend avec qui tu voyages !

En plus d'être futurologue,
cet homme semble faire partie
de l'école de La Palice, car il affirme
avec profondeur que :

Le chemin le plus court est souvent... le moins long !

Sûrement un comptable.

On a tous des trous de mémoire
un jour ou l'autre. Un gars, incapable
de se souvenir du nom des personnes
qu'il rencontre, confie :

Avoir une mémoire déficitaire.

Au fait, madame, vous arrivez de quelle galaxie ?

En entrevue, une femme explique
que, dans la vie, il y a souvent du positif
après une période noire.
Pour sa part, derrière les nuages,
elle préfère voir :

Une petite percée de soleil bleu.

Ciel! Un revenant!

Quelques jours après la mort de John Kordic due a un overdose, son entraîneur déclare :

Kordic est la preuve vivante que la drogue tue.

Là, au moins, on est sûr de s'amuser!

Lors d'un souper entre amis, la discussion dévie sur une décision d'affaires qu'ils doivent prendre ensemble. Pour excuser la tournure de la conversation, l'hôtesse trouve la formule suivante :

Il faut bien joindre le plaisir à l'agréable.

Madame, dit le docteur, vous avez un gros problème!

Cette femme parle d'une voisine qui fait de l'embonpoint. Au lieu de dire que l'obésité est une « infirmité », elle conclut que :

L'obésité, c'est une infinité.

Tiens, toi !

Une femme désire investir rapidement son argent. Elle a le choix : un placement sûr qui lui rapportera un bénéfice minime ou un placement à risque qui peut lui rapporter gros. Elle décide de jouer de prudence et se justifie :

Un tiens tu l'auras vaut mieux que deux tiens tu l'auras pas.

Ils ont juste à changer, bon !

Dans une émission de radio, l'invitée veut expliquer à l'animateur sa recette pour rester simple malgré son succès. Elle dit :

Moi, je prends les autres comme je suis.

Vos trouvailles

Vous avez été témoin de la naissance d'un « maudit mot dit » ? Vous avez le goût de partager votre trouvaille ? Ou simplement, vous voulez nous faire vos commentaires ?

Écrivez-nous !

Adresse postale :
Alain Jacques
1600, rue Delorimier
Montréal (QC) H2K 3W5

Adresse électronique :
alainj@accglobal.net